Dialogando con poetas
Victoria Muñoz Arenas

Colección Baños del Carmen

Victoria Muñoz Arenas

Dialogando con poetas

EDICIONES VITRUVIO
Colección Baños del Carmen,
nº 1081

www.edicionesvitruvio.com

Primera edición, 2026

© Ediciones Vitruvio
C/ Menorca, nº 44
28009
Madrid
Teléfono: 91 573 21 86

ISBN: 979-13-991646-3-3
Nº: 1. 813

Dialogando con poetas

A mi familia, el pilar fundamental
en mi vida y en mis versos.

Dialogando con poetas

Quédate junto a mí cuando mi luz sea poca,
cuando cruja la sangre y me pinchen los nervios
y cuando el corazón enfermo se halle
y las ruedas del Ser vayan más lentas.

In memoriam Alfred Lord Tennyson

Cuando me esté marchando a ese vacío
del que te niegas que anticipe y es seguro,
quiero sentir que tú estás cerca, a mi lado,
y que coges mi mano arrugada de vivir.

Miedo me da esa noche ciega eternamente,
cuando cierre los ajados parpados y ya etérea,
y ya en la nada de la nada en ingrávida caída,
ya esté sola, en soledad, canalla y callada.

Cuando me esté marchando pon nuestra canción
aunque derrames sobre mí gotas de amor y sal.
Y si ya mis labios se han cerrado, mi agotado cuerpo
aún más recibirá, compasivo, tus acordes.

Ya los días y las noches se terminan sin luz,
ya los versos en collares no se engarzan,
las penas y alegrías ahí se quedan, en lagunas
de lágrimas que no mojan y no agitan banderas.

Cuando me esté marchando aprieta mi mano
cómplice de nuestra historia siempre juntos.
Insufla un aliento a este indómito corazón y
un candado para preservar por siempre la vida.

Yo sé que no habrá más primaveras

Cuando la vida me lleve a ese punto,
que no sé dónde se ubica,
y no lo encuentre, porque es infinito
y eterno y lo desconozco,

y sienta que no habrá más primaveras,
y mi nombre no se escuche
porque estoy en espacios, cuasi siderales,
de los que yo apenas se nada,

todo será silencio como era en el comienzo,
cuando el absoluto era un vacío.
Y yo vuelvo a la nada que fue siempre,
de la que provengo como todos.

Ya siento que no veré nacer las clavelinas
y en los trigales, en silenciado baile,
crecerán, sin mis ojos las rojas amapolas;
otra floresta ha de brotar

Espero que, en este mi planeado viaje
aunque yo no ponga el día,
continúen naciendo florecidas estaciones
y yo navegue en sosegada calma.

Mujer amada en imagen

Solo muere
un amor que ha dejado de soñarse
Pedro Salinas

I

Y te debo mi voz, mi poesía.
Tú guardas mi palabra,
mi sustancia, mi médula.
Ánima animada, tú insuflas vida.
En un espejo plata me reflejo,
reflejo de nosotros,
nosotros los amantes,
sin imágenes ni voces inútiles.
Doce lunas y auroras boreales
y candelas que aluzan
mi visión, toda tú,
y te busco y vigilo sin límites.
La luz golpea fuerte en mi ceguera,
escucho su sonido,
me llama, yo respondo,
aunque no lo quiera irrumpe en mis sueños.
Tú me prestas el fulgor cada día.
Yo vivo en ti y por ti,
en la amarga o dulce
distancia, en la imagen sin presencia.
Te hablo en renglones y blancas pieles
para ojos avizores,
de besos cadenetas
y bocas como ríos sedientos.

Búsqueda en estaciones

II

Eres como una diosa:
belleza, serenidad y brasero
de mis días y mis dudas,
de inviernos sin tu voz y tu cadencia.
Espero la llegada
de otra lumbre que mi presencia atisbe
de loco enamorado
entre tus bosques de luz y primaveras.
Y llegar al estío
por ríos que fluyen de tu mirada
y fuerza misteriosa
que orea los trigos y sembrados.
Y así, en postreras horas
del ocaso y desnudos de ropajes,
por Eolo invitados,
cobijarnos en la casa de los sueños.
Abrigados de armiño,
despertamos en flor de primavera
y el arrullo de espigas
abanica y desnuda nuestro otoño.

Dolor en liras

III

Hoy mi amada está ausente.
Trenzó horizontes de espigados muros.
Mi todo se resiente
sin esos ojos puros,
mi vida se regresa en claroscuros.

Se fugaron los días
y entre poemas y risas bullimos
tejiendo fantasías,
cada noche vivimos
y como las avefrías partimos.

Sí, ya eres invisible
y la tristeza y aflicción nos abogan
a una pena insufrible
de aires que no dialogan
y en las aguas de silencio se ahogan.

Ya vivo en tu memoria,
la melancolía despierta y llama,
revisa nuestra historia
y en las noches reclama
y cuál fuente mi sueño se derrama.

Soneto

Y no sé dónde te hayas
ni que caminos andas…
                    Federico GarcíaLorca

Y dónde te refugias vida mía,
te busco por las calles como un loco
y siento los desmanes que provoco
Y muero de dolor y de alegría.

Te vi entre nubes pura fantasía
y apasionados besos yo te invoco
y en sueños por tu cuerpo yo retoco
y bebo de sus mieles todavía.

Tú, como Aglae diosa del adorno:
belleza, resplandor, desasosiego.
Anhelo señas de ese mar que habitas,

contigo zambullirme sin retorno
llegar iluminados por el fuego
calmar la sed de palabras no escritas.

La Moraña

Castilla me enseña dice el maestro Azorín

Acuarelas de viento emborrachadas de color:
verdes primavera, ocres-rojos en otoño,
oro en el estío, blanco níveo en el invierno.
Cielo y tierra se funden. Tierra y cielo.

Invierno
Estrellas fugaces se desprenden
y un manto blanco cae silencioso
y cubre los áridos campos agotados
que adornan de ramos tejados humeantes.
Es un regalo de los dioses para los campesinos.
        Artesanos del campo,
recios agricultores, en su meseta castellana,
arañan los surcos cuajados de semillas,
que adsorben los jugos de la nieve
para germinar con la luz de abril.
        Yermo el paisaje
de áridas tierras, castigadas sin la lluvia,
que se visten de armiño en las madrugadas
y cobijan al ganado en los establos.
Emigraron las aves ¡Silencio!
        El cierzo gime
como una sonata del maestro
y esparce fuertes y secas notas
que barren los cielos azules de Castilla.

Primavera
Un mar de verdes se extiende en los confines
como acuarelas diluidas de esperanza.
Si diluvian en los días sus aguas por mil,
visten los campos y el mercado de las flores.
Entonces, los amantes preguntarán

a la sencilla margarita: ¿me quiere?
y cortarán un ramo de azuladas clavelinas,
y amapolas de sangre derramada.
      Labradores escardando,
con rastras y escardillo, la maraña y el zarzal
plegados a los campos morañegos.
Y las espigas preñadas gestarán los granos,
de esta madre tierra de pan llevar.

En el horizonte, de cuando en cuando,
cual posada para las aves los abrevaderos del ganado.
Vuelven a estas tierras duras
a saciar su sed de paz y de sosiego:
el cuco, la alondra, el jilguero, el vencejo,
 con el tristar de la pequeña golondrina azul
entonan una nueva sonata colorida.
      El Ábrego llora
y canta bajo la lluvia con otro ritmo más templado.

Verano
Se ha tornado la paleta de colores
en brillantes ocres y amarillos.
Han cortado las doradas espigas
      los segadores artesanos,
artistas de la hoz.
Gavillas perfectas que cortaban el aire
parieron sus frutos: cereales, lentejas y garbanzos
Calor, trilla, aventar la parva
y el grano vuelve al granero.
¡Qué bullicio de segadores, trilladores, aguadores
para calmar la tierra que se agota¡
El campo ya ha sosegado hasta la semencera.
      El solano bufa
cálido y sofocante y sigue su rumbo
 y dirige la sonata del estío.

Otoño
Que esconde en sus entrañas
campos enmarcados, por enhiestos chopos
       Incendiados de color
que alfombran sus salones en sonata de granates.
Se preparan para la siembra
aran los campos agostados,
y los marcadores de rectos surcos
    con cartabón de hierro
arropan como una madre las semillas,
invitan a dormir un duro invierno al labrantío.
 En los majuelos se laboran las vides
para recoger el néctar.
       Emigran las aves
se aletargan los animales.
Flora y fauna en armonía haciendo
honor a tu nombre maraña de pueblos.

Y de repente, en lontananza
El Céfiro del oeste araña las torres
de iglesias mudéjares y románicas
riqueza de los moradores morañegos.

Enredada entre tus dedos

*Mira Juan Ramón: qué de rosas adornan por
todas partes: rosas blancas, rojas, rosas azules...*

-Buenas noches, amigo y admirado maestro.
Y me paga con encendida sonrisa melancólica.
-Mira Juan Ramón qué de rosas adornan por
 todas partes: rosas blancas, rojas, rosas azules,
con o sin espinas, exhalan aromas y emociones.

Tu poesía me traspasa, me cura de mi rutina,
afila mi corazón, le saca brillo y mi alma canta.
Y yo, me siento como una novia de la primavera.
¿Te quieres casar conmigo? : Soy tu amapola.

Juan Ramón muero por la lírica y versifico versos.
y me responde amoroso el escritor de Moguer:
-la lectura quieta y la poética de los sabios de oro,
del hoy y del ayer, es abono para los días de baldío.

Hay que gozar de los caminos y de las candelas
azules y grises; cayendo de bruces y aupándote
 y de nuevo en la salida; abriendo paraguas arcoíris.
 Ya el viento irá empujando los levantes de la aurora.

Cuando creas, exhausta, que has alcanzado el objetivo
abre la ventana de tu cuaderno e ilumina lo esencial
y prende la mecha de esa llama que de palabras arde
que son como sobrias campanas que tañen el ángelus.

Y sigo a su lado como María La Magdalena: detenida
escucho transverberada , embriagada y derramada.
Mis ojos posados en sus ojos, dando oído a su boca,
y mi trémula palma se enreda en sus serenos dedos.
Y su mirada de poeta se entrega y lloro, lloro a raudales.

20

Madrigal del desasosiego

Amor empieza por desasosiego,
solicitud, ardores y desvelos;
crece con riesgos, lances y recelos;
susténtese de llantos y de ruego.
                    Sor Juana Inés de la Cruz

Yo añoro cada día
que amanece, tus enredos, tus cuitas.
Sueño en mi fantasía
cielos para guarecerme de citas
y mantener el fuego
de un idilio abrasador que da miedo,
como un amante ciego
y el deseo que sea nuestro credo.

Te vas y te vienes por los piélagos
de aventuras y vidas.
Yo, presa en tus halagos,
presencio de blanco tul las partidas
y en la playa de ayer
espero me frecuentes
y que pueda de tus ojos beber,
calmar la sed que sacio de tus fuentes.

Una noche de miedos
entre poemas, músicas y aedos
las palabras en los labios hervían
y yo, las reescribía:
juntos emigremos como las aves
perdidos y sin llaves
rompamos horizontes
por los mares, los vientos y los montes.

El poeta descubre

La poesía es un arma cargada de futuro
Gabriel Celaya

El poeta mira, escucha y cuenta.
Ayer, hoy y mañana seguirá contemplando,
desde la retina de su corazón, el paso del tiempo.
Mirando con los ojos del cuerpo y del alma.

El poeta escucha rumores que trae el viento,
para dar oído al murmullo de los hombres y mujeres,
porque tiene esperanza en la palabra.

Olfatea los aromas que le envuelven,
alrededor de las gentes que van y vienen,
porque traen informes de lo que bulle.

Toca, palpa, tantea y pulsa el ritmo de la vida.
Abraza y besa para no perder el rumbo,
porque no puede tentar a las estrellas.

Saborea los manjares que se ofrecen,
en diferentes parajes de su mundo
porque necesita conocer lo dulce de la vida
                              y amargo del viaje.

Como arma, sus versos. Como motor, el futuro.
Como camino, la vida.

Adelántate

Ítaca no tiene ya nada que darte
C.P. Kavafis

En mi paseo dominical por la ribera, caía la tarde
como un manto de azules deslucidos y gastados.
La añoranza de viajes por ciudades misteriosas,
despiertan mi melancolía y vago por mis ensueños
hacia ese país, en el que alguien siempre está en espera.

Viene a mi recuerdo Kavafis y resucito su poesía:
"Ítaca no tiene ya nada que darte". ¡Adelántate ¡
y navega por mar abierto, y disfruta de ese camino,
y esquiva otros barcos que te convidan a su popa
flanqueada por islas de lumbreras fantasmales.

Me deslumbra el horizonte, tan cercano y tan lejano,
y sus hechizos, hasta que un viento del noreste,
en escampada, me redirige por las aguas del Egeo.
Y he soltado lastre como un peregrino que busca
su estela tropezando; pero persiguiendo su luz.

En mi cuaderno de bitácora he contado un periplo:
las mil y una noches, las lunas blancas de abril,
los soles que arrugan la piel de la vida, los días radiantes,
y cristales de plata que son como el faro de Oriente
y cristales de oro como las brújulas del Poniente.

En mi sueño de atardecida presiento que llego a destino
y he de enfrentarme a una Odisea: ¿alguien me aguarda?
Ulises como Homero ya no me ven, Penélope en su telar
conversa con Telémaco que enciende una candela. ¡Ítaca por fin!
Ahora despierto. ¿Qué es lo que yo espero?

No se oxida

Con la llave del alma que no se oxida nunca
Carlos Edmundo de Ory

Hoy te escribo con la llave del alma
como quise escucharte ayer sin voz
y mis oídos se rasgan con tu silencio
como si colgaran las palabras huecas.

Hoy te escucho con la llave del alma
tus ojos me envían recados encriptados
busco la clave buceando en lo profundo
como un lenguaje ciego entre nosotros.

Hoy te escucho con la llave del alma
tus manos como sombras seductoras
aprehendiendo del tacto de nuestra piel
como las llaves que nunca enmohecen.

Hoy te escucho con la llave del alma
y cuando abrimos el candado de la vida
paladeamos los sabores y sinsabores
como el gusto de las risas y de las lágrimas.

Hoy te escucho con la llave del alma
hueles a mi piel como yo huelo a herrumbre
embriagados, encerrados por el tiempo
como el olor de la palabra perdida por los años.

Hay días que no puedo atar y desatar
ni las puertas ni ventanas del dominio
aquí hecho el ancla en medio de la tormenta
con la llave del alma que nunca se oxida.

Liras y contestaciones a SJC

A San Juan de la Cruz

Mi Amado a las montañas,
cruzo montes, majadas de ganados,
arboledas extrañas,
los cauces desbordados
y te busco por bosques y collados.

Lentamente me vacío del apetito por las cosas
de tareas mundanas y placenteras cosidas a mi piel
y comienzo un camino claroscuro plagado de renuncias
recorro las estaciones tropezando por vías de un viacrucis
ejercicios del espíritu para llegar al desposorio con aquel que amo.

Asciendo a la atalaya,
vigilo los dominios del Amado,
me siento su lacaya
porque Él es mi Dorado
y canto, cuento y vuelo, con agrado.

Asciendo a la montaña con los ojos avizores
despojada de piedras que retrasan mi camino
arropada por coros de eufónicas avecillas musicales
que como silbos amorosos arrullan y acunan el oído del alma
trepo ebria por los ojos de agua que olorosos chorrean de nubes.

Cruzo ríos y mares,
aires de eufonía atrapan mi oído
cítaras en altares,
deslizan su sonido
cantos y odas inundan el sentido.

Encamino mi subida escudriño el altozano
y como guardiana vigilo los dominios de mi Esposo
y le busco en ínsulas extrañas y en los confines del mundo
y le busco por los ríos inundados después de una tórrida lluvia
y escucho su voz como a los tañedores que citarizan con sus
        cuerdas.

Salmodias de armonía
en torno de la estancia del Esposo,
canto una melodía
y me abre presuroso
y me invita a la cena, generoso.

Espero que la cadencia del amanecer
y la euritmia de la aurora atraigan al pájaro azul
que emite sabrosas y suaves melodías escuchar solos al fin
 y en este encuentro de recreo y soledad sonora celebremos una
        cena
que ya todo es paz y armonía y comunión para el sosiego de Mi
        Amado.

Pronuncia mi nombre

Cuando sepas que he muerto querida hija no derrames lágrimas y
      traza la mejor de
      tus sonrisas.
No olvides que te quise hasta el fondo de mis entrañas y más
      porque fuiste parte de mi
      urdimbre.
Pronuncia mi nombre despacio recuerda aunque ya no soy que me
      atormenta si algún
      día te hice llorar.
Cuando sepas que he muerto no gimas porque vivo y estaré en tu
      corazón hasta que
      quieras tú.
No olvides que mi obra finalizó antes de escribirla.
Pronuncia las ocho letras de mi nombre y recuerda claramente
      que me caí y levanté
      con ahínco.
Cuando sepas que he muerto escríbeme un epitafio sencillo con
      palabras de mis
      poemas.
No olvides que yo no me quería marchar para siempre.
Cuando sepas que he muerto pronuncia mi nombre una vez más
      sin sollozos.

A Carmen Martín Gaite

Yo soy tu vecina, cosida a ti, la que mira entre visillos
y yo vi, cómo tus ojos como dos estrellas negras se rompían,
en una noche de nubosidad variable
Y como, Calila, por la muerte de tus hijos, quedaste rota y
      huérfana.
Yo te hallé *en un callejón sin salida*, pero no pidáis que vuelva
y por él seguiste caminando y dando traspiés con las ataduras.
Yo comprobé, Carmiña, como la literatura te salvó del naufragio
aunque fuera la última vez que Andersen entraba en tu casa.
Yo desde el cuarto de atrás escuchaba ensimismada:
tus retahílas porque vivir era disponer de palabras
y con ellas engarzadas toda la gama de collares.
Y yo escuché contigo al oráculo: esto es un aviso
y de verdad que se nos fue el amigo idolatrado del alma
y el interlocutor de palabras abiertas: Ignacio Aldecoa.
Yo también te acompañaba como una bufanda en el invierno
a la "Universidad libre de Gambrinus"
a discutir con Juan Benet, Martin Santos y Los Ferlosio
de lo divino y lo humano que une y divide. Yo flipaba.
Y te posaba esa gorra que era tu piel y eras tú.
Y yo y tú rescatamos y tecleamos a Elena Fortún,
olvidada y maltratada por su birria de marido.
Y tú y yo, Carta Velha, viajamos a Estados Unidos
y buscamos a Caperucita por Manhattan
pero todo es un cuento roto en Nueva York.
Y yo contigo, ¡oh, sorpresa!, me encontré a William Carlos
      Williams
que buscaba a una mujer a ritmo lento y la encontró
escondida y solitaria en un cuadro de Edward Hopper.
Y la ventana nos devolvía la imagen:
dos mujeres y una gorra verde.

Cuando el poeta descubre

El poeta al sentir descubre
todo lo que no le han enseñado.
Gloria Fuertes

El poeta alza su voz y su palabra,
y canta sentimientos e impresiones.
El poeta mira para descubrir y ver
el mundo en el que habita.
Da oído para escuchar el lenguaje
melódico de los pájaros en concierto,
a las sopranos del río en su camino sin retorno,
al contralto grave de las olas,
al arrullo del viento tañendo las espigas
y denuncia, los ruidos sonoros y lumínicos
que agreden a la madre tierra,
dañando las nubes.
El poeta palpa la vida y el aire
y cuenta en sus poemas
lo bello y menos bello del registro.
Los olores traen memoria de la vida vivida,
los aromas le acompañan en sus recuerdos.
Hay que dar tiempo para catar sabores
lentamente y educar el sentido.
El poeta escribe odas en las que cuenta
que en su paladear ha dado gusto al gusto.

Me condujeron

¡Oh! diosa de glaucos ojos
Ulises

Escúchame, ¡oh! diosa de glaucos ojos,
transito por el borde de la nada.
Sácame de estas aguas estériles,
tanteo agarrarme en las negras naves.
Insúflame aliento para luchar.

Porque vago un día y otro en densa niebla
desnortado, solitario y errabundo,
y aunque el sol me alumbre con su fulgor,
y quiera recogerlo con mis manos,
es en vano. Me hundo en vinosos mares.

Acógeme, ¡oh ninfa! y aparta las penas
para soportar esta travesía.
Óyeme, vivo sin rumbo y sin faro
desnudo de palabras y voluntad.
Úngeme con aceites de esperanza.

Un día la Aurora de hermoso trono
y la brisa de Céfiro me condujeron
y de repente vi como las nubes
me llevaban de sus manos y un rayo
me hirió y salté del vacío de la nada.

Señora de rojo

Titulando a Delibes

Aún es de día, se dijo el hereje, que tenía madera de héroe y, guiado por el diario de un cazador, encontró el camino y observó que la sombra del ciprés es alargada y que las ratas olisqueaban debajo de una hoja roja.

Iba acompañado por su idolatrado hijo Sisí, un príncipe destronado, al que iba relatando la parábola del náufrago antes de llegar a la casa de los santos inocentes. Así había leído, en el diario de un emigrante, que los llamaban a sus moradores. Y charlaron cinco horas con Mario, este escribía el diario de un jubilado y había recogido las guerras de nuestros antepasados, por el disputado voto del señor Cayo. Les contó también que escondía, celosamente, un tesoro: Las cartas de amor de un sexagenario voluptuoso enamorado de una señora de rojo sobre fondo gris.

El loco,
en su refugio
de los nogales
escucha
a la grajilla, el cuco y el cárabo.
Fuma el primer pitillo,
 echa siestas con viento sur,
ve visiones, sobre su mortaja,
y cuenta, en su patio de vecindad,
a tres pájaros de cuenta
tres cuentos olvidados.
Juega una partida,
quiere ganar una peseta
para el tranvía
en una noche así,
en una Navidad sin ambiente.

Narra viejas historias.
de la bruja Leopoldina
y otras historias reales
de su vida al aire libre
con la perra.

Una vida perruna
El loco
solitario
vive del cuento
de dar sablazos
pasea, busca
a ver a quien
saca un billete
de dos pesetas
para los celtas
para un tintorro
todos le huyen
los olvidados
los tullidos
le dan colillas
él las acepta
¡Eh, loco!
Yo no estoy loco
lo estuve ayer
va dando patadas
a lo que se arrastra
alcanza el tugurio
le esperan
los desterrados
juega sin perras
gana unas chicas
se vuelve
al refugio
a escuchar
a la grajilla, al cuco y al cárabo
y a contar

a la perra
tosiendo
que le llaman
loco

Concienciados

Porque se tiene conciencia de la inutilidad de tantas cosas
Ángel González

¿Se tiene conciencia de lo inútil?
De la palabra repetida y hueca de charlatanes,
porque en su conciencia no las criba.
No se tiene en cuenta el llanto de los que viajan
transitando océanos que te engullen.
No se tienen en cuenta las aseveraciones prudentes
que se vacían porque son del ayer.
Inútil fue pasar las hojas de revistas
con ese dedo tiritando
porque el diagnóstico estaba maldito.
Es inútil si los amigos no dan oído
abrir la boca y que vuele tu palabra.
La cultura, la savia sabia de la vida,
para los oídos necios es un insulto.
La naturaleza, armonía, es inútil
para ciegos que solamente miran.
La audacia de palpar es casi imposible
para los que tienen callos en sus afectos.
La vida te ofrece sabores y olores es inútil
si has perdido el gusto por lo sencillo.
La fragancia de las lilas en mi huerto
es vana para los que no tienen recuerdos.

Pongo estos libros en mi altar

Celia y Cuchifritín de Elena Fortún

Firmabas en tu Gente Menuda, en Blanco y Negro, esperanza de
        los domingos.
Y de esas semillas nacieron Celias
que fueron como candelas sonoras en mi oído, en el tedio de las
        tardes escolares de
        invierno, mientras cosía y descosía unas vainicas dobles,
como una penitente porque yo reñía con las agujas
y los trapos de labor y mis dedos sin dedales sangraban. Un
        despertador como un gallito cantaba
Celia en el colegio y yo vibraba y despertaba al son.
Te sentí de carne y hueso, rubia, deslazada, ojos azules y tenías
        siete años, la edad de la razón
y el uniforme descosido y preguntona como yo.
¿Dónde está Dios, y el sol y el hombre de la luna?
¿Son mágicos Los Reyes Magos, Doña Benita? Yo también aprendí
        a volar con los ángeles, cerrando los párpados
y que las estrellas estaban llenas de aire nacarado y una noche las
        quise pinchar desde mi tragaluz
y mi madre se asustó y yo insistía: solo son globos. Yo conocí a tu
        hermano Cuchifritín y a tu familia,
a Pirracas y a Dalila, a Solita, la niña pobre del portero y también
        a Carlotica
porque yo hablaba y hacía diabluras con vosotros, mis amigos.

Y me volví tan curiosa como tú e intenté ser yo, como eras tú.
Suplicaba que me echaran en la Noche de la Magia:

¡Celias! para soñar como soñé con ese quijote de tapas verdes
que un día me regaló ilusionado papá
porque él sabía que yo estaba en la edad de la razón.

Enredando

Qué la vida iba en serio,
uno lo empieza a comprender más tarde
                                Jaime Gil de Biedma

Me encuentro al final de un camino,
la niebla me acompaña muchas mañanas
y a la aurora, cuando las musas se duermen,
le cuesta borrar las nubes de su cuadro inacabado
hasta que sol relumbra por todos los mundos
                                y calienta mis días.

                        Me paso las noches enredando
con las estrellas y la luna,
poniendo nombre a esos luceros
que espero me iluminen el adiós.

Después, en las tardes otoñales
el viento magulla los árboles desnudos,
como esqueletos enhiestos.
                        Vacíos
ya los músicos volaron a otro aquel
y me invade la nostalgia.

En las noches de invierno,
la nieve oculta a mis hados
                        y los recuerdos me dominan:
de mis días de niña y mis noches de anciana,
de los días de madre y las noches de vigilia,
de los días gozosos de trabajo en el aula.

                        Porque

hay días que nacen tus hijas,
hay noches que mueren tus padres.

    ¡Qué días y noches tan cortas!
Aquellos días de charlas y amigos con vino
     ¡Qué días y noches tan largas!
aquellas noches de riñas de palabras.

La vida es muy bella
aunque se acaba en un sueño.

Desandar

Tú que ere el defensor de los deportados
Ernesto Cardenal

Es muy duro replegarse por los caminos,
tropezar y caer por el mismo recio asfalto,
esconderte de los rayos de los levantes aurales
y escapar cual corderito de los lobos.
Siento que inhalo el mismo aire de ayer.
Siento que los vendavales me quiebran
 y atropellan hacia un destino sin rumbo
y me traen y me devuelven como a un pelele.

Tapo mis oídos a palabras de los déspotas
y a los edictos que proclaman pagados alguaciles
que deportan a los pobres hombres más pobres
solo porque no tienen la color de otro color.

Tuve que huir como un bicho acosado por el fuego
con los ojos tapados por el humo del dolor impío
y volver al lugar del que huí para encontrar un futuro
de tolerancia, de trabajo, de hermandad y de justicia.
Los charlatanes me regalaban los oídos sin palabras,
las palabras eran tan huecas que revoloteaban vacías
y no me quedaba nada a lo que asirme
en toda la hojarasca de mendigos,
por unas migajas de pan y de misericordia.

Y cuando guarecido en un cobijo me arropaba otra música
me dijeron que tenía que desandar. Volver hacía El Sur
El norte estaba lleno,
habían completado el cupo los más ricos.

El día de mi muerte

A Pier Paolo Passolini

Para dejarnos huérfanos,
soñaste, Pier Paolo
en una ciudad con tilos
       y en primavera.
Entonces, el tejo, su floresta majestad
de hojas acorazonadas
      te daría cobijo.
Tú, embriagado por el perfume de sus rubias flores,
en las que liban abejas,
te dejarías caer con blanco sudario
y tus cabellos probarían el polvo.

    En ese instante, lo sé.
El sol cerraría sus ojos y la noche velaría
al poeta del cine y de la vida.
Los tilos perderían el color
en señal de luto por Paolo.
Y en tu vientre de cristal aún tibio,
      jóvenes melenudos
posarían sus poemas
con las flores que lloraba el tilo
      verde en primavera.

Autorretrato

Después de tanto todo para nada
José Hierro

Creando en servilletas de papel, un todo.

Con líneas maestras trazabas
el perfil del guerrero filosofo.
Cincel que desnudaba sentimientos,
con los dedos manchados de acuarelas
mojados en el café.
De tanto mirar al mar Cántabro,
inmortalizaste tu mirada con ojos negros horizonte,
que nadaban en el alma y leían en las caras
el pasado y el presente de las gentes.
El todo estaba escrito en esa imagen
con bigote oscuro de cerdas de hierro
y las manos en el regazo, abiertas a la esperanza.
Era la crónica de una vida escrita
en la piel de un hombre libre.
Sabio maestro de la alegría matizando el dolor
con tus palabras para llegar al todo
y que todo es nada cuando se llega al final.
Tus versos eran canciones de cuna
para dormir a los sintecho.
Eras la palabra de los silenciados.

De entre la nada, un todo.

A Ángela Figuera Aymerich
I

> *Quiero cruzar alegre entre la gente*
> *sin que me cause miedo la mirada*
> *de los que labran tierra golpe a golpe*
> *de los que roen tiempo palmo a palmo*
> *de los que llenan pozos gota a gota*
> Ángela Figuera Aymerich

Para que no volaran nuestros puentes, te inmolaste
implorando que el amarre a las cadenas se cortara
y gritabas: no rasguéis nuestras agotadas gargantas,
no prohibáis la escritura de poemas en primavera.

Permaneciste en tu tierra, nuestra madre La Tierra,
para luchar por tu libertad que era la nuestra,
para dar tu voz a los que no saben de palabras
pero saben en sosiego y libertad susurrar salmos.

Tú, llorabas por esos que no eran nadie ni eran nada,
por tantas mujeres recias e invisibles, que lo son todo
que caminan cansadas dándolo todo y no llegan a nada.
Tú, implorabas la justicia de los ángeles para darles cobijo.

Y sólo te inclinarías ante el hombre, ante el hijo del hombre,
como ante el contorno de los iridiados lirios de los valles
como ante el trino de los pájaros solitarios que libres armonizan
espejándose por las aguas indómitas de los mares: sólo te
        inclinarías.

II

Nació el niño a su hora.
Correctísimamente.
Con el llanto obligado,
pero todos lo vieron
en vez de ojos tenía dos magníficas rosas

Solo los limpios de corazón saben ver la vida,
sólo el corazón de madre sabe leer en los ojos,
en los ojos de rosas, en los ojos de soles, ojos de hijo.
Ella, sabe entender las cosas más divinas y más humanas.

Sabe, que esas lumbreras rosas olerán la primavera
olerán la esencia de los días azules y helados del invierno
olerán a los pobres que tienden su mano mirando a sus ojos
y la tristeza de una madre que pide limosna con su niño ciego.

Sabe, que su niño le acaricia tiernamente la cara
y busca los juguetes y sonríe y juega con los soldaditos
y pasa su mano por cuentos ilustrados para que le cuenten:
que hay hadas y brujas y caperucitas rojas y cenicientas y sueños.

Sabe, del agua de la vida, el agua del sediento de luces,
de las lágrimas amargas porque no se ven las risas del alba
y las mañanas y las noches tienen el mismo sabor todos los días,
pero esos ojos: ven, oyen, tocan, saborean y huelen a rosas todo el
    año.

III
Canto rabioso de amor a España en su belleza

Cantas la belleza de tu amada España,
lo escribes y declamas en tus doloridos versos
tan variada, tan única, tan amarga y tan dulcemente,
plagada de historias de pueblos y ciudades del barro ibérico.

Esa España hizo las américas con aires de grandeza
a veces misionera, a veces conquistadora y atrevida,
hablando en nuestra lengua y portando nuestra costumbre,
con el más puro albedrío sorprendiendo a otros hombres y
     mujeres.

Como Caín y Abel fuimos dos Españas hermanastradas,
Españas encontradas sin escucha, en silencios consentidos,
silencios que matan la paz y hacen daño, son voces sin palabras.
Así llega a la sinrazón porque sí, y suenan los miedos y sí
     atrapan.

Duelen los quebrantos de la noche oscura, sin sueños y
piensas que ya no brotarán las primaveras de esperanza y ya
sientes los días rotos porque el dialogo está muy turbio de ruidos,
pero un día el sol nos cubrirá con un brillante rayo de luces
     radiantes.

Ese instante, escucharemos a otros hombres y mujeres.
Es día, oiremos que hay muchas más estrellas y más lunas.
Esa hora, es la de todos los colores de todos los amores diferentes.
Y ese año, será Nuevo y se oirán salmos y súplicas de paz en
     nuestra España.

Diálogo

Nada me turbe.
Teresa de Jesús

Sí, me desgarran y turban
las imágenes de inocentes
que se exhiben despiadadas
y se clavan en mi retina en sombríos colores
y como la Dolorosa en lágrimas me riego
y las cincelo en el poema que es la vida.
                    ¿Qué recogeré en esta semencera?
Trincheras, caídos en contiendas absurdas,
destrucción, caos, zapatos desgastados
y maletas vaciadas de sueños,
señales que señalan la barbarie,
ancianos olvidados de sí mismos,
niños y niñas que buscan muñecas
de trapo tiznados y de vidriados ojos.
Pero sí, que nada me turbe
y así versificar, palabras llenas de abrazos
y gritar más allá de la crisis del horror
y esperar futuros y auroras de rosáceos dedos
y dar oído a músicas con silencios

y tejer y bordar banderas de blancos colores,
fuente de nuestra propio sosiego y armonía.
Que como simple latido del alma,
me espante el dolor y me baste la paz.

La vida en las moradas

Porque, así como los pájaros
que enseñan a hablar
no saben más de lo que les muestran u oyen,
y esto repiten muchas veces,
soy yo al pie de la letra.

Teresa de Jesús

Viaja arrastrándose por caminos y veredas
de las tierras áridas de su piel
le acompaña el concierto hablado de los pájaros
planeando inocentes y limpios como los ángeles.

La que ama sin medida y se siente tan ruin, renuncia:
Hay que perder el gusto por el apetito de las cosas
Aquella, que recibe el don de la fe, y lucha por amarrarlo
como se sujetan los pájaros en el aire
y vacía en brazos de Su Amado la voluntad.

Respondiendo al sol, debajo de Sus Alas que cobijan
recibe el canto que ilumina su vida de escritora.
Aquella, que sin ser madre, construye
toda una Morada interior en forma de libro.
Hijas mías: *Como la puerta de este castillo es la oración,*
yo os doy una llave que nunca se oxida.

Y abre las moradas y guía y orienta
cruza esa puerta de luz y esperanza
en caridad y comunión con el Amado.

Índice

Ediciones Vitruvio

Colección Baños del Carmen

Últimos libros publicados:

Las flores del mal, de Charles Baudelaire

En mi cuaderno de viaje, de Carmen Maga

Declaración jurada, de Manuel E. Castillo

Siempre Domingo, de Pascual García

Escribir Silencio, de José A. Alfonso

Ciento cincuenta voltios, de David Alberti

Que nada se olvide, de Álvaro Fierro Clavero

Ayer es mañana, de José Elgarresta

Y ahora sorpréndeme, José Ramón Silva

Playa sin mar, de Eduardo Crespo

El mar mientras duerme, de Santiago Gómez Valverde

Madame Podeva, de Natalia Ruiz-Poveda

El hombre que alimentaba su alma, de Sergio Macías

A la tarde, de María Paz Otero

La ingravidez que somos, de Antonio Ríos

La ilusión del indulto, de David Minayo

El vigor, de Leonardo David Segado

Balcones azules, de varios autores

Música Rusa, de William Jonhsnton

El lenguaje del número, de Juan Pedro Carrasco

Doce voces, una voz, de Jaume Mesquida

Memoria del frío, de Ricardo Ruiz

Acceso a la vida, de María José Pérez Grange

La fama pregonera, de Jesús Mauleón

Equipaje de momentos, de Carlos Guerrero

Habrá poetas, de Mikel Ceniceros

El único umbral, de Diego Doncel

Mil años de poesía (1000-2000), número mil de la colección Baños del Carmen

Autobús nocturno, de Luis Machuca Moreno

Donde nadie dirige la mirada, de Fernando Fiestas

Siempre promete amanecer, de Ignacio Eufemio Caballero

Recuento de ilusiones, de Norberto Garcés

Y la que escucha no es ella, de Silvia López Ripoll

La levedad, de Cristina Liso

La niña que ha sembrado la tierra del poema, de Josela Maturana

Despacio y tiempo, de Angie Expósito

El agua en la mano, de Félix Recio

Parábola entre parabólicas, de Pablo Villa

Centinela del viento, de Daniel López Acuña

Guiñol, de Pedro López Lara

Historias encontradas, de Domingo Luis Hernández

El gozo cumplido, de María José García Mesa

Postales del norte, de Juan Gil Bengoa

Obra poética incompleta, de Yong-Tae Min

La ley del soneto, de Modesto González Lucas

Franqueo en destino, de José Félix Olalla

Otro tipo de abreviatura, de Isabela Basombrio Hoban

Cuando llegues, de Carlos Cortés

Palabras, pájaros y cobijo, de Victoria Muñoz Arenas

Éramos esto, de Pilar Úcar Ventura

Después de la belleza, de Rafael Talavera

Nuevas prosas, de Manuel Lacarta

La última vez que la luna dijo tu nombre, de Laura Vera Becerra

Estrellas que no vi, de Leonardo David Segado

Monodias, de Luis Rodríguez Cao

Una ave contra el viento, de Gerardo Guaza González